LA
LOI DE 8 HEURES

DANS LE TRAVAIL DES MÉTAUX

MANUEL PRATIQUE

pour l'application du décret du 9 août 1920
et l'usage des dérogations

PAR

F. BACQUIÉ
INSPECTEUR DU TRAVAIL

PRIX : 3 FRANCS

IMPRIMÉ ET ÉDITÉ
PAR LES ÉTABLISSEMENTS ANDRÉ BRULLIARD. — SAINT-DIZIER

1920

LA

LOI DE 8 HEURES

DANS LE TRAVAIL DES MÉTAUX

MANUEL PRATIQUE

pour l'application du décret du 9 août 1920
et l'usage des dérogations

PAR

F. BACQUIÉ

INSPECTEUR DU TRAVAIL

PRIX : **3 FRANCS**

IMPRIMÉ ET ÉDITÉ
PAR LES ÉTABLISSEMENTS ANDRÉ BRULLIARD. — SAINT-DIZIER

1920

C'est par la contrainte morale, en faisant appel à la raison, à la conscience, en expliquant les lois aux intéressés, surtout au début de leur application, que vous devez agir. Vous ne sortez pas de vos fonctions en montrant au patronat que, même à ne considérer que ses intérêts, il a tout avantage à appliquer les lois sociales parce que, en ne les appliquant pas, non seulement il viole le statut légal qui s'impose à tous les citoyens, mais il jette la méfiance, le mécontentement, la colère parmi les ouvriers.

A ces derniers aussi, il vous appartient d'expliquer la loi sociale, de marquer où commence et où finit leur droit, de rappeler que l'assujettissement au devoir professionnel accepté est une des formes du devoir social.

M. VIVIANI, Ministre du Travail.

(Banquet des Inspecteurs du Travail, 1908.)

AVANT-PROPOS

En publiant ce Manuel Pratique, *nous n'avons pas eu l'intention de commenter le décret du 9 août 1920, ou d'en discuter les diverses modalités. Nous avons voulu en faciliter l'application.*

Notre seul but a été de mettre entre les mains des Chefs d'Etablissements intéressés un document aussi condensé que possible, leur permettant de connaître très exactement les diverses dérogations ou exceptions dont ils peuvent bénéficier, ainsi que les formalités à remplir.

Nous nous sommes efforcé d'en dégager les directives générales et de rester à la portée de tous, en le rédigeant aussi clairement et aussi succinctement que le permettait la matière. Nous avons évité les explications qui auraient surchargé le texte au dépens de sa clarté, et nous pensons ainsi pouvoir être utile à ceux qui sont assujettis à la nouvelle réglementation.

Puissions-nous, par cette étude du régime de travail actuel, contribuer pour une modeste part à l'accomplissement du devoir social qui s'impose aux uns et aux autres, et justifier ainsi les paroles de M. Viviani qui nous servent aujourd'hui d'épigraphe comme elles nous ont toujours servi de guide.

F. B.

CHAPITRE PREMIER

INDUSTRIES DANS LESQUELLES LE DÉCRET EST APPLICABLE

ARTICLE 1er.

On sait que la loi du 23 avril 1919 n'a pas imposé *de plano* la journée de 8 heures de travail dans tous les établissements industriels ou commerciaux. Elle a posé seulement le principe général, laissant à des règlements d'administration publique le soin de fixer les modalités d'application par régions, industries ou catégories professionnelles.

C'est ainsi que le décret du 9 août 1920, publié au *Journal Officiel* du 15 août 1920 (Errata au *J. Off.* du 19 août), a réglementé l'application de la loi, dans le travail des métaux, à dater du 1er septembre 1920.

De cette définition générale, il ne faut pas déduire que tous les établissements où l'on travaille les métaux sont assujettis à la loi. Le décret précise, d'une manière limitative, quelles sont les industries où la réglementation est applicable. Ce sont les suivantes :

Métallurgie,
Hauts fourneaux, aciéries,
Fonderies de cuivre, plomb, zinc, nickel, aluminium, antimoine, étain, argent, or, platine, bronze, maillechort, laiton, ferro-alliages et autres alliages,
Electro-métallurgie et électro-chimie,
Laminoirs, forges, étirage, emboutissage, estampage des métaux, taillanderie, tréfilerie,
Fabrique de quincaillerie, tôlerie, boulonnerie, serrurerie, coutellerie et de tous objets en fer et en acier,
Découpage, décolletage, polissage et repoussage de tous métaux,
Fonderies de deuxième fusion,
Construction de navires, de bateaux en fer et en acier et de machines marines,
Construction mécanique et métallique, chaudronnerie, soudure autogène,
Construction automobile,
Construction aéronautique,
Construction de matériel roulant, de voies ferrées,
Construction, montage de matériel et d'appareils électriques,

Fabrique de tous instruments de précision, d'optique, de chirurgie, d'appareils orthopédiques,

Fabrique de tous appareils et articles en fer-blanc, cuivre, plomb, zinc, nickel, aluminium, antimoine, étain, maillechort, laiton, ferro-alliages et autres alliages,

Traitement des résidus métalliques.

Non seulement le décret a assujetti les industries elles-mêmes, mais il s'est également préoccupé de réglementer le travail de quelques catégories d'ouvriers. Ce sont :

1° Personnel des stations centrales (force, lumière, eau, gaz, air comprimé) annexées et appartenant aux établissements où s'exercent les industries ci-dessus énumérées ;

2° Ouvriers et employés occupés par les établissements ci-dessus énumérés, quelle que soit leur profession, lorsque leur travail a pour objet exclusif l'entretien et le fonctionnement desdits établissements et de leurs dépendances.

C'est ainsi, par exemple, que les menuisiers, travaillant dans une fonderie à l'atelier de modelage, sont compris dans les limites du décret, bien qu'il ne s'agisse pas du travail des métaux.

Les établissements de forge et de serrurerie occupant moins de cinq ouvriers ne sont pas visés par le décret. Ils feront l'objet d'une réglementation spéciale.

Quoique la liste des établissements assujettis soit très longue et comprenne dans son ensemble presque toutes les industries des métaux, elles sont loin d'y être toutes englobées. Certaines ont été omises parce qu'elles participent autant, sinon plus, du travail du bois que du travail du fer, par exemple la carrosserie et la fabrication de certaines machines agricoles, d'autres parce qu'elles n'étaient pas représentées dans l'Union des Industries métallurgiques, telles que la bijouterie, l'orfèvrerie et l'horlogerie.

On remarquera d'ailleurs que, dans la liste des industries visées par le décret, se trouve la fonderie d'argent, d'or, de platine et de bronze, tandis que la fabrication d'objets en métaux de cette nature échappe aux dispositions légales. On conçoit cependant que ces métaux peuvent être ouvrés sans que le travail soit compris dans l'une des rubriques « bijouterie, orfèvrerie ou horlogerie ».

C'est à chacun de voir jusqu'à quel point son industrie est comprise dans les limites fixées par le décret, tant par ses procédés de fabrication que par la nature des matières premières mises en œuvre. Dans son ensemble, le décret vise la production et la fabrication d'objets métalliques, sans atteindre la réparation, et c'est là, à notre avis, un critérium qui paraît de nature à délimiter exactement le champ d'application de la loi dans toutes les espèces.

Modes de répartition des heures de travail et de repos.

Article 2.

Légalement deux modes de répartition des heures peuvent seulement être pratiqués :

1° Huit heures au maximum chaque jour ;

2° Maximum de 48 heures par semaine réparties inégalement entre les jours ouvrables, avec maximum de 9 heures par jour, afin de permettre le repos de l'après-midi du samedi.

Le chef d'établissement a toute liberté pour adopter l'un de ces deux systèmes, mais pas d'autre. On remarquera, d'autre part, que le repos de l'après-midi du samedi est la condition *sine qua non* d'une répartition inégale. Si cette condition n'est pas remplie, l'horaire doit être le même pour tous les jours de la semaine.

Les seules formalités à remplir sont les suivantes (Art. 4) :

1° Affichage des heures de travail et de repos dans chaque atelier ;

2° Envoi préalable d'une copie de l'horaire à l'Inspecteur départemental du Travail.

Autres modes de répartition (Art. 2, § 3, et 4).

Dans certaines régions ou industries, il est d'usage d'adopter d'autres régimes de travail, par exemple la quinzaine de 96 heures (comportant une semaine de 54 heures et la suivante de 42 heures).

Ce système, ou tout autre de même genre, est illégal, étant contraire au principe même de la loi qui a fixé le maximum à 48 heures par semaine.

Toutefois, si ce système n'est pas légal, il peut le devenir, soit d'une manière provisoire par arrêté ministériel, soit définitivement par voie de règlement d'administration publique (1).

Il en est de même pour le repos de l'après-midi du samedi, qui ne peut être remplacé par un repos d'une demi-journée un autre jour de la semaine. L'autorisation provisoire ou définitive ne peut être obtenue que par la même procédure (Art. 2, § 3).

Les repos.

Aucun article de la loi ni du décret n'oblige le chef d'établissement à couper le travail par des repos. Rien n'interdit de faire travailler 8 heures consécutives.

Cependant, comme ces repos sont d'usage général, il n'est pas

1) Le cas échéant, les demandes devront être adressées à M. le Ministre du Travail (Direction du Travail), 80, rue de Varenne, Paris, VIIe.

inutile de rappeler que l'industriel peut les répartir comme bon lui semble, à la condition qu'ils aient lieu aux mêmes heures pour tout le personnel.

Cette prescription n'est pas, à vrai dire, explicitement formulée par le décret, mais elle se déduit du 3e paragraphe de l'article 4. Ce paragraphe édicte, en effet, que des heures différentes de travail et de repos peuvent être prévues pour les catégories d'ouvriers bénéficiant des dérogations permanentes prévues par les articles 5 et 6. Puisque le décret limite à certaines catégories de travailleurs la faculté d'avoir des heures différentes de travail et de repos, c'est qu'il est admis que les autres n'en bénéficient pas.

CHAPITRE II

HEURES SUPPLÉMENTAIRES

ARTICLES 3 et 6.

Les dérogations prévues par le décret sont de natures diverses. Elles s'appliquent tantôt aux établissements, tantôt à certaines catégories de personnel pour l'exécution de certains travaux. Les unes sont permanentes, les autres sont exceptionnelles ou temporaires.

Nous les étudierons dans l'ordre suivant :

1° Heures supplémentaires de droit ;

2° Heures supplémentaires assujetties à l'autorisation préalable.

Nous signalerons en passant les dérogations qui sont temporaires ou exceptionnelles et celles qui sont permanentes.

Heures supplémentaires de droit.

Art. 6, § 3.

Surcroît de travail. — A la différence de la législation antérieure qui soumettait les heures supplémentaires à une autorisation préalable — encore la prolongation du travail n'était-elle permise que dans certaines industries limitativement énumérées — la réglementation nouvelle accorde *de plein droit* 100 heures supplémentaires par an, à toutes les industries visées par le décret, au titre de « surcroît extraordinaire de travail ».

L'autorisation n'existe donc plus. Elle est remplacée par une *déclaration* qui doit être préalablement adressée à l'Inspecteur départemental du Travail. Elle doit contenir obligatoirement un certain nombre de renseignements dont on trouvera l'énoncé et l'exemple dans le modèle suivant :

Monsieur l'Inspecteur,

J'ai l'honneur de vous déclarer, conformément à l'article 7 du décret du 9 août 1920, que par suite d'un surcroît extraordinaire de travail auquel je dois faire face, mon personnel effectuera une heure de travail supplémentaire chaque jour (1) du 2 janvier au 5 février (soit pendant 30 jours) à valoir sur le crédit de 100 heures qui m'est accordé.

(1) La prolongation du travail peut être plus courte ou plus longue, mais on ne doit pas dépasser 10 heures par jour (Art. 6, § 3).

Cette dérogation s'applique à 10 enfants âgés de moins de 18 ans 15 femmes et 45 hommes adultes.

Les heures de travail et de repos prévues pour ce personnel seront les suivantes :

Commencement du travail : 6 h. 30.

Fin du travail : 17 h. 15.

Repos de 12 h. à 13 h. 30 et de 16 h. à 16 h. 15.

Veuillez agréer, etc.

(Date et signature.)

Chaque fois que l'industriel voudra utiliser son crédit d'heures supplémentaires (s'il ne les utilise pas toutes dans une seule période), il devra envoyer une déclaration semblable à l'Inspecteur.

De plus, à côté de l'horaire normal de l'établissement affiché dans les ateliers, il devra être apposé un tableau sur lequel seront inscrites, au fur et à mesure de l'envoi des avis à l'Inspecteur, les dates des jours où il sera fait des heures supplémentaires, avec indication de la durée de ces heures et du moment de la journée où elles sont effectuées. *Ce tableau doit rester affiché jusqu'au* 15 *janvier de l'année suivante* (Art. 7, § 2).

Art. 6, § 1.

Travaux urgents. — Une autre catégorie d'heures supplémentaires est accordée de droit lorsqu'il est nécessaire d'exécuter immédiatement des travaux urgents pour prévenir des accidents imminents, organiser des mesures de sauvetage, réparer des accidents survenus au matériel, aux installations, aux bâtiments de l'établissement ou à des navires en partance dans les 48 heures.

Les heures supplémentaires sont autorisées dans les limites suivantes : aucune limite le premier jour où s'effectuent les travaux. L'industriel est donc libre de faire travailler jusqu'à minuit pour exécuter ces travaux.

Les jours suivants la limite est fixée à deux heures supplémentaires.

Pour utiliser cette dérogation qui, comme nous l'avons dit, est de droit absolu, il suffit de remplir les mêmes formalités que pour les précédentes heures supplémentaires, c'est-à-dire : envoi de la déclaration et inscription sur le tableau.

Bien entendu cette déclaration devra spécifier la nature des travaux à effectuer au lieu d'indiquer qu'il s'agit d'un surcroît de travail.

Nous ajouterons qu'il est inutile d'attendre une réponse du service d'inspection et qu'il suffit que l'avis soit envoyé et que l'inscription soit faite avant le commencement de la dérogation.

Art. 5.

Travaux divers autorisant pour certains ouvriers une prolongation de l'horaire journalier. — Les dérogations que nous indiquons sous cette rubrique ont un caractère permanent et sont toutes de droit absolu. L'industriel peut les utiliser sans demander aucune autorisation, et n'est tenu, le cas échéant, qu'aux formalités suivantes (Art. 4 et 7 du décret) :

1° Communication à l'Inspecteur de l'horaire du personnel visé par ces dérogations ;

2° Affichage de cet horaire spécial, dans les mêmes conditions que l'horaire général de l'établissement.

1° *DÉROGATIONS S'APPLIQUANT A TOUTES LES INDUSTRIES* :

Mécaniciens, électriciens, chauffeurs employés au service de la *force motrice*, de l'*éclairage*, du *chauffage* et du *matériel de levage*. (Hommes adultes seulement.) Art. 5, § 1.	Une heure et demie supplémentaire et deux heures le lendemain de chaque journée de chômage.
Ouvriers employés d'une façon courante ou exceptionnelle *pendant l'arrêt de la production*, *à l'entretien* et au *nettoyage des machines, fours, métiers* et tous autres appareils que la connexité des travaux ne permettrait pas de mettre isolément au repos pendant la marche générale de l'établissement. (Hommes adultes seulement.) Art. 5, § 3.	Une heure et demie supplémentaire et 12 heures de travail les jours de chômage normal ainsi que les veilles des dits jours.
Chef d'équipe ou *ouvrier spécialiste* dont la présence est indispensable à la marche d'un atelier ou au fonctionnement d'une équipe dans le cas d'absence inattendue de son remplaçant et en attendant l'arrivée d'un autre remplaçant. (Hommes et femmes adultes seulement.) Art. 5, § 4.	Quatre heures supplémentaires.
Chef d'équipe ou *ouvrier spécialiste* dont la présence est indispensable pour coordonner le travail de deux équipes qui se succèdent. (Hommes et femmes adultes seulement.) Art. 5, § 5.	Une heure et demie supplémentaire.
Personnel de maîtrise et *chefs d'équipe* pour la préparation des travaux exécutés par l'établissement. (Hommes et femmes adultes seulement.) Art. 5, § 9.	Deux heures supplémentaires.

Personnel de maîtrise, chefs d'équipe et *ouvriers* affectés spécialement aux *études*, aux *essais*, à la *mise au point* de nouveaux types et à la *réception de tous appareils*. (Hommes et femmes adultes seulement.) Art. 5, § 10.	Deux heures supplémentaires.
Personnel dont le travail est coupé de longs repos réels tels que : *surveillants, gardiens, personnel d'aérodromes, aiguilleurs*, personnel occupé au *service des chemins de fer* de l'établissement, *conducteurs d'automobiles, charretiers, livreurs, magasiniers, service d'incendie*, et tous les agents dont la présence est nécessaire de façon continue pour le *fonctionnement de l'établissement. Préposés au service médical* et autres institutions créées en faveur des ouvriers et employés de l'établissement et de leurs familles. (Hommes et femmes adultes seulement.) Art. 5, § 12.	Quatre heures supplémentaires avec maximum de 12 heures par jour.
Pointeurs, garçons de bureau et agents similaires. Art. 5, § 13.	Deux heures supplémentaires avec maximum de 12 heures par jour.

2° *FONDERIES DE DEUXIÈME FUSION :*

Démoulage des pièces le soir de la coulée ou le lendemain matin *quand ce travail est indispensable* pour libérer le matériel nécessaire à la reprise du moulage ou pour obtenir la réussite d'une pièce. *Remmoulage des pièces* pour la coulée du jour quand, techniquement, il a été impossible de le faire la veille. (Hommes adultes seulement.) Art. 5, § 2.	A la condition que le travail ait un caractère préparatoire ou complémentaire et ne constitue pas un travail fondamental de l'établissement : 1 heure supplémentaire.
Ouvriers spécialement affectés au service de *l'allumage des appareils de fusion* les jours de coulée. (Hommes adultes seulement.) Art. 5, § 8.	Deux heures supplémentaires.

3° *INDUSTRIE DE LA SOUDURE AUTOGÈNE :*

Ouvriers préposés au service des appareils à acétylène. (Hommes adultes seulement.) Art. 5, § 11.	Une heure supplémentaire.

4° *MÉTALLURGIE :*

Ouvriers spécialement employés soit à des *opérations de métallurgie* (*première et deuxième fusion, forgeage, laminage* des métaux et opérations connexes), soit à d'autres opérations qui, techniquement, ne peuvent être arrêtées à volonté, lorsque les unes et les autres n'ont pu être terminées dans les délais réglementaires par suite de leur nature ou de circonstances exceptionnelles. (Hommes adultes seulement.) Art. 5, § 7.	Deux heures supplémentaires. Exceptionnellement, pour la métallurgie, 6 heures la veille de tout jour de chômage.

5° *INDUSTRIES DIVERSES :*

Ouvriers spécialement employés à la *conduite des fours, fourneaux, étuves, sécheries* ou *chaudières* autres que les générateurs pour machines motrices, à la préparation des *bains de décapage*, au *chauffage des cuves et bacs*. (Hommes adultes seulement.) Art. 5, § 1.	A la condition que le travail ait un caractère purement préparatoire ou complémentaire et ne constitue pas un travail fondamental de l'établissement : Une heure et demie supplémentaire et 2 heures le lendemain de chaque journée de chômage.

6° *USINES A MARCHE CONTINUE :*

Ouvriers spécialement employés, soit au *service des fours*, soit au *service du mouvement et de la traction*, soit à d'autres travaux, quand le service ou les travaux doivent rester continus pendant plus d'une semaine. (Hommes adultes seulement.) Art. 5, § 6.	Faculté illimitée de prolonger le travail le jour où s'opère le décalage destiné à permettre l'alternance des équipes, cette alternance ne pouvant avoir lieu qu'à une semaine d'intervalle au moins.
Spécialistes travaillant dans les *usines à feu continu*, appartenant aux catégories énumérées par le décret du 31 août 1910 sur le repos hebdomadaire, et ouvriers affectés aux *travaux d'entretien des appareils* dans les mêmes services. Art. 5, § 14 et 15.	La durée hebdomadaire moyenne du travail sera de 56 heures.

7° *STATIONS CENTRALES (force, lumière, eau, gaz, air comprimé) annexées et appartenant aux établissements :*

Personnel affecté au service des stations centrales. Art. 5, § 14.	La durée hebdomadaire moyenne du travail sera de 56 heures.

HEURES SUPPLÉMENTAIRES ASSUJETTIES A L'AUTORISATION PRÉALABLE

Art. 6, § 3.

Travaux exécutés dans un intérêt national. — Le décret a prévu un certain nombre d'heures supplémentaires dans le cas de travaux exécutés dans l'intérêt national. Le chiffre de ces heures, qui ont un caractère exceptionnel, est fixé normalement à 50 par an. Ce chiffre pourra être porté à 100 pendant les années 1920, 1921 et 1922.

Ces heures supplémentaires ne sont pas de droit comme les précédentes et sont subordonnées à une autorisation préalable.

Cette autorisation n'est pas de la compétence de l'Inspecteur, elle ne peut être accordée que par M. le Ministre du Travail, et seulement lorsque le Ministre dans les attributions de qui rentrent les travaux attestera qu'ils sont exécutés dans un intérêt national.

Pour bénéficier de ce supplément exceptionnel, il faudra donc adresser une double demande, avec justification à l'appui, l'une au Ministre intéressé (Régions libérées par exemple pour les travaux destinés à la reconstitution) pour la délivrance de l'attestation réglementaire, et l'autre au Ministre du Travail (1), aux fins d'autorisation.

Comme l'Inspecteur du Travail devra procéder à une enquête justificative, il ne sera pas inutile, afin de hâter la solution de l'affaire, d'adresser à ce fonctionnaire une copie de la demande et des documents annexés.

Art. 6, § 2.

Travaux exécutés dans l'intérêt de la sûreté, de la défense nationale ou d'un service public. — Lorsqu'il s'agit de travaux exécutés dans l'intérêt de la sûreté et de la défense nationale ou d'un service public, il peut être accordé des heures supplémentaires spéciales.

Dans ce cas ce n'est plus seulement une autorisation ministérielle qui est nécessaire, mais un ordre du Gouvernement constatant la nécessité de la dérogation.

La limite serait fixée, le cas échéant, de concert entre le Ministère du Travail et le Ministère qui ordonne les travaux.

(1) Direction du Travail, 2e Bureau, 80, rue de Varenne, Paris, VIIe.

CHAPITRE III

RÉCUPÉRATION DES HEURES OU JOURNÉES PERDUES

ARTICLE 3.

Tout comme les heures supplémentaires, certaines récupérations sont de droit absolu, tandis que d'autres sont assujetties à l'autorisation préalable.

Avant d'étudier les différentes catégories de récupérations, nous signalerons que le décret ne vise que les cas d'interruption collective du travail affectant soit l'ensemble d'un établissement, soit tout un atelier. On ne saurait légalement récupérer les heures perdues par un ouvrier ou un groupe d'ouvriers par suite de l'arrêt d'une machine-outil. Il n'y a que lorsque l'établissement ou un atelier s'arrête en entier que l'on peut récupérer les heures respectivement perdues par l'un ou par l'autre.

Récupérations de droit.

Art. 3, § 1.

Accidents ou cas de force majeure. — Ces récupérations, qui sont déterminées par l'article 3 du décret du 9 août 1920, s'appliquent *uniquement* aux arrêts résultant de causes accidentelles ou de force majeure (accidents survenus au matériel, interruption de force motrice, sinistres).

Contrairement à une opinion qui a été exprimée et répandue dans le monde industriel, cette énumération est limitative.

Plus exactement ce n'est pas une énumération, mais une définition des causes accidentelles ou de force majeure donnant ouverture à récupération. Sans doute, on n'a énuméré ni les différents ordres d'accidents au matériel, ni les causes diverses d'interruption de force motrice, ni les diverses catégories de sinistres. Mais, seuls les cas d'accidents au matériel (de quelque nature qu'ils soient), les cas d'interruption de force motrice (quelle qu'en soit la cause : interruption de courant, manque de charbon pour l'alimentation des chaudières, etc.), les cas de sinistres (quelle qu'en soit la nature) constituent des causes accidentelles ou cas de force majeure au sens de l'article 3 du décret (1).

(1) Instructions ministérielles du 25 septembre 1920.

Pour utiliser les dérogations de cette nature, deux formalités sont nécessaires et suffisantes (Art. 3, § 8) :

1° Un avis (et non une demande d'autorisation) adressé à l'Inspecteur du Travail, indiquant : la nature, la cause et la date de l'interruption collective de travail, le nombre d'heures de travail perdues, les modifications projetées dans l'horaire en vue de récupérer les heures perdues, ainsi que le nombre de personnes auxquelles s'applique ladite modification. Tous ces renseignements sont obligatoires et l'on en trouvera l'énoncé et l'exemple dans le modèle suivant :

Monsieur l'Inspecteur,

J'ai l'honneur de vous informer que, par suite d'une crue de la rivière, l'usine électrique ne nous a pas fourni de force motrice pendant toute la journée du mardi 16 courant et la matinée du mercredi 17. Nous avons ainsi perdu 13 heures de travail, que nous récupérerons à partir de lundi prochain 21 novembre, à raison d'une heure supplémentaire (1) par jour (de 17 h. 15 à 18 h. 15) pendant 13 jours. Cette modification de travail s'applique à 10 enfants, 14 femmes et 40 hommes adultes.

Veuillez agréer, etc.

(Date et signature.)

Tout comme pour les diverses catégories d'heures supplémentaires dont nous avons parlé précédemment, cette dérogation doit être inscrite sur le tableau permanent.

Délais de récupération. — Il faut noter que pour les heures ou journées perdues, l'industriel ne peut se créditer pendant un temps indéfini. Les récupérations doivent être effectuées dans les délais suivants qui sont fixés par l'article 3 du décret :

1° L'interruption d'*une journée* au plus doit être récupérée dans un délai de *quinze jours*, à dater du jour de la reprise du travail ;

2° L'interruption d'*une semaine* au plus doit être récupérée dans un délai de *cinquante jours* ;

3° Si l'*interruption excède une semaine*, la récupération doit, comme dans le cas précédent, être effectuée dans un délai de *cinquante jours* Mais, si ce délai est pratiquement ou matériellement insuffisant, il peut être dépassé avec une autorisation écrite de l'Inspecteur du Travail.

Il est à remarquer que si les heures perdues sont compensées par des heures nouvelles, la question de temps étant seule en jeu pour le calcul des compensations, il peut y avoir une différence entre la production perdue et la production récupérée. Cette variation découle du nombre d'ouvriers.

(1) La prolongation journalière peut être plus longue, mais on ne peut pas dépasser 10 heures par jour. Dans les établissements pratiquant la semaine anglaise, la récupération peut être faite le samedi soir (Art. 3, § 7).

L'industriel qui occupait normalement 40 ouvriers le jour du chômage n'est pas fondé à réclamer une récupération d'heures en double, sous le prétexte que le nombre d'ouvriers qu'il occupe, au moment de la récupération, est réduit de moitié.

Mais il peut, valablement, faire travailler 40 ouvriers pendant les heures nouvelles, alors qu'il en occupait beaucoup moins à l'époque du chômage.

D'ailleurs, le décret ne lui demande pas le nombre de personnes qui ont chômé, mais seulement le nombre d'ouvriers qu'il utilisera.

C'est ce qui démontrerait, s'il en était besoin, qu'aussi bien pour les récupérations que pour les heures supplémentaires, les dérogations s'appliquent à l'établissement pris dans son ensemble et non aux ouvriers pris séparément.

Récupérations assujetties à une autorisation préalable.

Art. 3, § 2.

Une première catégorie de récupérations est prévue dans certains cas limitativement énumérés par le décret. Elles se déduisent de journées perdues (un autre jour que celui du repos hebdomadaire) par suite de *fêtes légales*, *inventaires*, *fêtes locales* ou *événements locaux*.

Les *fêtes légales* sont les suivantes : 1er janvier, lundi de Pâques, Ascension, lundi de Pentecôte, 14 juillet, 15 août, jours de Toussaint et de la Noël (1).

Les *inventaires* sont fixés dans chaque établissement.

Les *fêtes locales ou patronales* sont particulières à chaque ville.

Quant aux *événements locaux*, il est difficile de les délimiter exactement, et d'en donner une définition précise, d'autant plus que, dans la pratique, ces événements prennent le plus souvent le caractère de fêtes.

Parmi les faits pouvant présenter ce caractère, nous pensons qu'on peut ranger certaines foires, un décès, mariage ou baptême dans la famille du chef d'industrie ou parmi le personnel de l'usine. Même les obsèques d'un camarade des ouvriers, ou d'un notable, ont le caractère d'un événement local et doivent pouvoir bénéficier des mêmes dispositions légales.

Nous pouvons envisager d'autre part des faits tels que : secours apportés par le personnel de l'usine en cas de sinistre dans le voisinage, séjour de troupes pendant les grandes manœuvres, cérémonies civiles ou religieuses, etc., etc...

D'ailleurs il n'est pas indispensable que l'événement intéresse

(1) La loi du 1er septembre 1920 a décidé que le 11 novembre serait une fête légale, mais en 1920 seulement.

toute la localité. L'étymologie du mot local indique qu'il est seulement question de tout événement se produisant en un certain lieu, c'est-à-dire d'un événement localisé. Le lieu peut être la ville, le quartier, l'usine ou la maison, et le motif de récupération ne cesse pas de pouvoir être invoqué.

Il faut remarquer, en outre, que les autorisatious ne sont données par l'Inspecteur du Travail qu'après consultation des organisations patronales et ouvrières intéressées. Toutes les fois qu'il y aura accord sur la récupération, à la suite d'un événement local, quel qu'il soit, l'autorisation pourra être sollicitée et obtenir une suite favorable.

Nous pensons que cette situation pourra se présenter dans les cas de chômage corporatif (Saint Eloi, Premier Mai), ainsi que dans le cas de grève.

En citant ces quelques exemples, nous n'avons pas eu la prétention de délimiter le champ d'application du décret. Il est des événements — le mot seul l'indique — qu'on ne peut prévoir, et il suffira de poser la question dans chaque espèce, pour qu'elle puisse être examinée et résolue.

Nous appelons l'attention des intéressés sur ce fait que certains jours sont considérés couramment, mais à tort, comme jours fériés. Tels sont par exemple les lendemains de fêtes légales tombant un dimanche, comme le lundi 16 août 1920. On sait que, dans ce cas, aucun paiement ne peut être exigé et qu'aucun effet ne peut être protesté (Loi du 23 décembre 1914).

Ce n'est cependant pas une fête légale, et, même s'il y a chômage effectif, la journée ne peut être récupérée.

Il en est de même des congés accordés collectivement au personnel pour des causes n'entrant pas dans les prévisions du décret.

Formalités nécessaires pour obtenir l'autorisation. — La question s'est posée de savoir à quel moment l'autorisation peut être sollicitée. A s'en tenir à l'interprétation stricte du décret, la demande ne devrait pouvoir être faite qu'après les interruptions.

En effet, le décret parle d'heures perdues et non d'heures à perdre, il parle du passé et non du futur. Il exige d'ailleurs que la demande d'autorisation indique le nombre d'heures perdues, chose qu'on ne peut déterminer d'avance. Il faut d'autre part pouvoir justifier que l'on a chômé pour demander une récupération (1), étant donné qu'on ne peut récupérer que ce que l'on a perdu. Récupération n'est pas exactement synonyme de compensation.

(1) Contrairement à une croyance assez répandue, le travail n'est pas complètement interdit les jours fériés. L'interdiction de l'article 52 du Code du Travail ne s'applique qu'aux enfants et aux femmes et ne vise pas les hommes adultes. Même, l'article 53 autorise l'emploi d'enfants du sexe masculin et de femmes majeures, les jours de fêtes, dans les usines à feu continu. Par conséquent on ne peut dire qu'un jour férié est, *de plano*, une cause déterminante de chômage, et qu'il porte en lui-même sa justification.

Il peut même arriver que, malgré le chômage d'un jour de fête, il n'y ait eu aucune heure perdue. Tel est le cas des usines pratiquant la « quinzaine de 96 heures » qui comporte normalement une journée d'arrêt toutes les deux semaines. Le jour férié peut coïncider avec l'arrêt régulier de l'usine, et il n'y a, par conséquent, aucune perte.

Dans la pratique, et comme les demandes d'autorisation sont soumises à une enquête qui peut être assez longue, il a été admis le système suivant, qui tient compte des prescriptions du décret et des nécessités industrielles.

Il est donné à l'industriel, le cas échéant, une *autorisation de principe*, lui permettant d'effectuer les récupérations. Lorsque des interruptions se produisent pour l'une des causes prévues, il n'y a plus qu'à adresser à l'Inspecteur l'avis de récupération prévu par l'article 3, § 8.

La procédure sera donc la suivante :

De préférence au commencement de chaque année, le chef d'industrie adressera à l'Inspecteur du Travail une demande globale qui pourra être rédigée dans la forme suivante :

Monsieur l'Inspecteur,

J'ai l'honneur de solliciter l'autorisation de récupérer les journées de fêtes ou d'inventaires pendant lesquelles mon usine sera en chômage en 1921 :

Samedi 1er janvier.
Lundi de Pâques, 28 mars.
Ascension, jeudi 5 mai.
Lundi de Pentecôte, 16 mai.
Jeudi 14 juillet.
Assomption, lundi 15 août.
1er novembre, Jour de Toussaint, mardi.
Lundi 23 mai, jour de la fête patronale.
Du lundi 18 au samedi 23 juillet (6 jours d'inventaire).

Si vous voulez bien m'accorder l'autorisation que je sollicite, je vous ferai parvenir, au fur et à mesure des chômages, la modification apportée à l'horaire de travail pour récupérer les journées perdues.

Veuillez agréer, etc.

(Date et signature.)

L'autorisation étant obtenue, il n'y aura plus qu'à se conformer aux formalités suivantes, chaque fois qu'un chômage se sera produit :

1° Envoi d'un avis à l'Inspecteur d'après le modèle suivant qui contient tous les renseignements obligatoires :

Monsieur l'Inspecteur,

J'ai l'honneur de vous faire connaître que mes ateliers ont chômé le lundi 23 mai par suite de la fête locale.

En conséquence, comme suite à l'autorisation que vous avez bien voulu m'accorder à la date du ...., et afin de récupérer les 8 heures perdues, la journée habituelle de travail sera prolongée d'une heure (1) (de 17 h. 15 à 18 h. 15) pendant huit jours à partir de lundi prochain 30 courant. Cette modification de l'horaire s'appliquera à 10 enfants, 14 femmes et 40 hommes adultes.

Veuillez agréer, etc. Le 26 mai 1921.

(Signature.)

2° Comme deuxième et dernière formalité, il suffira d'inscrire la dérogation, en indiquant sa cause, sa durée et son horaire spécial, sur le tableau permanent dont nous avons déjà parlé.

Ce tableau constitue, en quelque sorte, le compte courant débiteur de l'établissement, le compte créditeur étant donné par les avis adressés à l'Inspecteur ou les autorisations obtenues de lui.

Délais de récupération.— La question s'est posée de savoir dans quels délais les récupérations devaient être effectuées.

A vrai dire, le décret ne formule aucune règle précise à cet égard, mais on ne saurait en déduire que ce délai est illimité. Le report d'année en année des heures perdues serait, en effet, contraire à la logique et au simple bon sens.

Il faut donc une limite, et nous estimons qu'elle est implicitement contenue dans le décret. Nous avons vu, en effet, qu'un tableau permanent doit être affiché, qui constitue le compte courant de l'établissement, et sur lequel sont enregistrées les dérogations : au crédit lorsqu'il y a chômage, au débit lorsqu'il est effectué des heures supplémentaires. Ce document n'est, en somme, qu'une justification indiquant la balance permanente, et nous savons qu'il doit rester apposé jusqu'au 15 janvier de l'année suivante.

On ne saurait mieux dire que le 15 janvier marque le dernier terme des opérations de l'exercice écoulé, en même temps que la date extrême de leur cloture. C'est, pour ainsi dire, la date de l'arrêt du bilan et de la balance des comptes. Cependant, il n'y a pas, comme dans les opérations commerciales, report de l'excédent de crédit ; l'exercice se trouve automatiquement soldé par péremption des droits dont on n'a pas usé.

Nous trouvons d'ailleurs, dans le décalage d'une quinzaine sur l'année civile, une mesure qui justifie notre interprétation, car,

(1) La prolongation journalière peut être plus courte ou plus longue, mais on ne peut pas dépasser 10 heures par jour. Dans les établissements pratiquant la semaine anglaise, la récupération peut être effectuée le samedi soir (Art. 3, § 7).

pourquoi ce délai de 15 jours, sinon pour permettre de récupérer les heures perdues pendant les derniers jours de l'année ?

Il est probable que, dans la pratique, les récupérations seront effectuées dans un délai relativement court, car tous, industriels ou ouvriers, ont le plus grand intérêt à rattraper aussitôt que possible ce que chacun a perdu, l'un sa production, l'autre son salaire. Toutefois, il est loisible aux industriels de laisser accumuler les heures à récupérer, pour les utiliser pendant les périodes de l'année où le travail est plus abondant. Ce crédit supplémentaire constituera une provision où ils pourront puiser selon leurs besoins.

Art. 3, § 3.

Journées perdues par suite d'intempéries. — La faculté de récupération pour cause d'intempéries, quoique prévue par le décret, ne s'applique pas à toutes les industries. Elle est actuellement limitée aux *ateliers et chantiers* de *constructions navales* et de *constructions métalliques.* Elle pourra être étendue ultérieurement à d'autres industries, dans les conditions que nous expliquerons d'autre part à la rubrique des mortes-saisons.

Même dans les industries visées ci-dessus, il faut encore que les intempéries aient occasionné un chômage réel, et cela ne peut se produire que dans les travaux extérieurs. Les intempéries ne peuvent donc être une base de récupération pour les travaux effectués en atelier.

La même interprétation que nous avons déjà signalée se retrouve dans cette rubrique où l'on a estimé que l'autorisation pouvait être demandée à l'avance, même sans attendre que les chômages se soient réalisés. Nous ne reviendrons pas sur notre précédente argumentation qui, pourtant, prend beaucoup plus de force dans le cas présent. Si l'on peut, en effet, prévoir des fêtes d'une manière certaine, il est difficile de tabler, même d'une manière approximative, sur l'inclémence du temps.

Dans la pratique, il peut être admis que l'industriel, une fois par an, de préférence au commencement de l'année, se procure une autorisation de principe, tout comme pour les fêtes légales.

Lors de chaque journée ou période de chômage, il suffira d'adresser à l'Inspecteur un avis qui pourra être rédigé de la manière suivante :

Monsieur l'Inspecteur,

J'ai l'honneur de vous faire connaître que mon personnel occupé à des travaux de construction métallique à... (indiquer l'emplacement du chantier) a chômé. par suite du mauvais temps, les 15 et 16 courant, ainsi que pendant la matinée du 17 (5 heures).

En conséquence, et comme suite à votre autorisation en date du........, la journée de travail habituelle sera prolongée d'une heure (1) (de 17 h. 15 à 18 h. 15) pendant 21 jours à dater du 24 courant, afin de récupérer les 21 heures perdues.

Cette modification de l'horaire s'appliquera à 10 enfants et 40 hommes adultes.

Veuillez agréer, etc.

(Date et signature.)

La deuxième et dernière formalité consistera, comme précédemment, à inscrire la dérogation en détail sur le tableau affiché.

Aucun délai n'est imposé par le décret pour récupérer les heures ou journées perdues. Se reporter aux explications que nous avons données au sujet des fêtes légales.

Art. 3, § 4.

Mortes-saisons. — La récupération des heures perdues par suite de mortes-saisons n'a été prévue, actuellement, que pour la construction et la *réparation* de *machines agricoles*, et jusqu'à *concurrence de* 100 *heures par an.*

Cette limitation à la machine agricole peut n'être que provisoire. Cette dérogation pourra être étendue, d'une manière temporaire et par arrêtés ministériels, à d'autres industries soumises à des intempéries ou à des mortes-saisons, mais seulement lorsqu'un accord sera intervenu à ce sujet entre les organisations patronales et ouvrières intéressées. Seul, un règlement d'administration publique pourra transformer le régime provisoirement autorisé en régime définitif.

Comme pour les dérogations précédentes, une autorisation de principe pourra être demandée à l'Inspecteur du Travail, de préférence au commencement de l'année.

Lorsqu'une période de morte-saison se sera produite, il sera nécessaire d'envoyer un avis semblable à celui dont nous avons donné le modèle pour les intempéries. Il suffira de changer le motif, et d'inscrire la dérogation sur le tableau permanent. Se reporter aux indications précédentes en ce qui concerne le délai de récupération.

(1) La prolongation journalière peut être plus courte ou plus longue, mais on ne peut jamais dépasser 10 heures par jour. Dans les établissements pratiquant la semaine anglaise, la récupération peut être faite le samedi soir (Art. 3, § 7).

CHAPITRE IV

Établissements travaillant à deux ou trois équipes.

Le décret prescrit, par analogie avec les dispositions antérieures de l'article 16 du Livre II du Code du travail, que le travail de chaque équipe doit être continu, sauf l'interruption pour le repos. On a voulu interdire ainsi le système des équipes alternantes, c'est-à-dire le remplacement d'une équipe par la suivante avant que la première ait terminé sa journée.

Les industriels ont toute liberté pour organiser 2 ou 3 équipes. L'horaire doit nécessairement faire ressortir cette organisation et, de plus, la composition *nominative* de chaque équipe devra être indiquée, soit par un tableau affiché, soit par un registre spécial tenu constamment à jour, et mis à la disposition du service d'Inspection du Travail (Art. 2, § 2 et Art. 4, § 7).

Il ne faut cependant pas oublier, surtout dans les organisations à 3 équipes, que les dispositions de l'article 20 du Livre II du Code du travail sont toujours en vigueur, et que les enfants âgés de moins de 18 ans, pas plus que les femmes, ne peuvent être occupés à aucun travail de nuit (entre 9 h. du soir et 5 h. du matin).

Pour les enfants il est seulement toléré, la nuit, les travaux suivants (Art. 3 du décret du 30 juin 1913) :

Fabriques d'objets en fonte émaillée.	Manœuvrer à distance les portes des fours.
Usines métallurgiques.	Aider à la préparation des lits de fusion, aux travaux accessoires d'affinage, de laminage, de martelage et de tréfilage, de préparation des moules pour objets de fonte moulée, de rangement des paquets, des feuilles, des tubes et des fils.

Nous appelons en même temps l'attention des industriels ayant 2 ou 3 équipes sur certaines modalités d'application en matière d'heures supplémentaires.

Dans le système à 3 équipes, il ne saurait évidemment être question d'heures supplémentaires, puisqu'elles ne pourraient jamais être effectuées.

Dans le cas de deux équipes, si l'on ajoute une heure à chacune d'elles, il doit être décompté au total *deux* heures supplémentaires, bien que chaque ouvrier n'ait fait qu'une heure en plus.

Il ne faut pas perdre de vue, en effet, que les heures supplémentaires s'appliquent à l'établissement ou à l'atelier pris dans son ensemble, et non à chaque ouvrier ou groupe d'ouvriers pris séparément. Dans la réalité, le travail de l'établissement a été augmenté de deux heures, et il a été fait face dans cette même proportion au surcroît de travail prévu par le décret et motivant la dérogation.

Il est à remarquer, d'autre part, que dans les ateliers où sont occupés des enfants et des femmes, le travail doit s'effectuer entre 5 h. du matin et 9 h. du soir (heures diurnes seules autorisées), soit une première équipe de 5 h. à 13 h. et l'autre de 13 h. à 21 h. Il en résulte que dans les établissements où le travail est organisé à double équipe, comprenant chacune des enfants ou des femmes, il ne peut être effectué aucune heure supplémentaire sans enfreindre les prescriptions légales visant le travail de nuit (1).

Application de la semaine anglaise.

Beaucoup d'établissements pratiquent le système dit de la semaine anglaise, et répartissent le travail de la manière suivante :

8 heures le lundi.	8 h.
9 heures les mardi, mercredi, jeudi et vendredi. Total	36 h.
4 heures le samedi matin.	4 h.
Total de la semaine.	48 h.

Cet horaire est régulier et peut être pratiqué sans autorisation. Il en serait de même, d'ailleurs, de tout autre horaire ne dépassant jamais 9 heures par jour et accordant le repos de l'après-midi du samedi.

Il peut être permis cependant de déroger à ces deux conditions,

(1) Nous devons signaler qu'actuellement le travail est toléré jusqu'à 10 heures du soir. Cette tolérance sera sans doute sanctionnée très prochainement et deviendra légale lorsque les textes législatifs mettront le Code du Travail en accord avec les décisions de la Conférence internationale du travail modifiant la convention de Berne.

et l'on pourrait envisager un horaire comportant quatre journées de 10 heures et une de 8, sans qu'il y ait repos le samedi. Mais le régime ne peut être pratiqué qu'à la suite d'un arrêté ministériel statuant d'une manière provisoire. La régularisation définitive ne peut avoir lieu que par voie de règlement d'administration publique (Art. 2, § 3 et 4).

Heures supplémentaires dans les établissements pratiquant la semaine anglaise. — Le décret du 9 août prévoit que dans les établissements où le régime hebdomadaire du travail comporte une demi-journée de repos par semaine, la récupération des journées perdues pourra se faire par suspension de ce repos d'une demi-journée (Art. 3, § 7).

Remarquons que le décret parle d'heures de récupération *et non d'heures supplémentaires*. Il ne vise donc pas les 100 heures prévues pour cause de surcroît de travail.

Le silence du décret doit-il être considéré comme une interdiction ? On pourrait le croire, puisque dans le cas de récupérations, il a eu soin de spécifier que la suspension du repos de l'après-midi du samedi serait régulière. Il n'y a pas lieu cependant de conclure que cette omission volontaire conduit à des conséquences illogiques. Le décret n'a pas soulevé cette question parce qu'elle trouve sa solution naturelle dans le texte même du règlement. L'industriel étant le maître de la répartition du travail dans la semaine, bénéficie *ipso facto* de la faculté de faire travailler le samedi après-midi. Ce n'est qu'une question de modification d'horaire (Art. 4, § 5 et 6).

Par contre, cette faculté disparaît, lorsque le repos de l'après-midi est imposé par arrêté ministériel. La solution serait cependant facile parce que nous supposons que le dit arrêté comprendrait l'autorisation d'effectuer des heures supplémentaires par suspension du repos d'une demi-journée (Art. 2, § 3 et 4).

Le cas échéant, les intéressés qui solliciteraient l'application de la semaine anglaise, par arrêté ministériel ou règlement d'admitration publique, devront s'assurer que cette clause n'a pas été omise.

Mesures de Contrôle.

Les mesures de contrôle sont définies par l'article 4 du décret. Elles sont d'une extrême simplicité et comportent les formalités suivantes :

1° Affichage, dans chacun des locaux de travail auquel il s'applique, d'un horaire daté et signé par le chef d'entreprise, établi suivant l'heure légale, apposé d'une façon apparente et en caractères lisibles.

2° Envoi d'une copie de cet horaire, avant sa mise en service, à l'Inspecteur du Travail (1).

Toutes les fois que l'industriel voudra modifier son horaire, il lui suffira de modifier son affiche et d'envoyer préalablement à l'Inspecteur une copie de la nouvelle répartition du travail.

Pour l'usage des dérogations, nous avons expliqué qu'elles devaient être régulièrement inscrites sur un tableau apposé dans l'établissement (Art. 7, § 2).

En cas d'organisation du travail par équipes, la composition nominative de chaque équipe doit être indiquée, soit par un tableau affiché, soit par un registre spécial tenu constamment à jour et mis à la disposition de l'Inspecteur du Travail.

Nous signalerons cependant que l'horaire de travail affiché présente un caractère impératif, et que l'emploi d'ouvriers en dehors des heures fixées constitue une contravention formelle.

Dans la législation antérieure, le tableau, affiché conformément à l'article 85 du Livre II du Code du travail, avait plutôt un caractère indicatif. Des arrêts de la Cour de cassation en date du 27 avril 1900, 23 janvier 1909, 1er avril 1911 et 8 mars 1913 avaient décidé en effet que l'emploi d'ouvrières après l'heure portée au tableau pour la clôture du travail ne constituait pas une contravention tant que la limite légale de durée n'était pas dépassée, et qu'aucune disposition de la loi ne punissait le défaut de concordance entre le tableau affiché et le travail effectif.

La rédaction de l'article 4 du décret du 9 août 1920 ne permet plus cette interprétation et il y a contravention toutes les fois que des ouvriers sont occupés en dehors des heures fixées par le tableau de travail. Nous préciserons même, que la contravention est flagrante sans que l'Inspecteur ait à faire la preuve que la durée légale du travail a été dépassée, et qu'elle existe encore dans le cas où il serait formellement établi que la durée du travail est restée au-dessous du maximum autorisé.

Tarif des Salaires.

Article 8.

L'article 2 de la loi du 23 avril 1919 avait décidé que la réduction des heures de travail ne pourrait, en aucun cas, être une cause déterminante de la réduction des salaires. Toute stipulation contraire était nulle et de nul effet.

Cependant, aucune disposition n'avait été prise par la loi relativement au taux des heures supplémentaires. Cette question a été réglée ainsi qu'il suit par l'article 8 du décret du 9 août 1920 :

(1) Il est inutile de se procurer un imprimé spécial. Pour le classement de ses archives, le service d'inspection préfère le papier format commercial.

« Les heures de travail effectuées par application des déroga-
« tions prévues au 3° de l'article 6 seront considérées comme
« heures supplémentaires et payées conformément aux usages en
« vigueur pour les heures de travail effectuées en dehors de la
« durée normale. »

Il résulte de cette disposition :

1° Que les seules heures supplémentaires pouvant donner lieu à une majoration de salaire sont les 100 heures accordées de droit pour surcroît extraordinaire de travail, et les heures exceptionnellement accordées par les Ministères intéressés, pour des travaux exécutés dans un intérêt national.

Par conséquent, ni les heures de récupération, quelle qu'en soit l'origine, ni les dérogations permanentes, ni les heures effectuées en cas de travaux urgents, ne peuvent être des causes de majoration.

Quant au tarif de la majoration, il n'est déterminé que par les usages ou accords en vigueur. Si, dans la région ou dans l'industrie, il n'est pas d'usage de majorer le taux des heures effectuées en dehors de la durée normale, le décret ne comporte aucune obligation, ni par conséquent, aucune sanction.

Sanctions.

Le décret n'a d'autres sanctions que celles qui sont prévues par la loi du 23 avril 1919.

Or, il n'est pas inutile de rappeler que la loi a été incorporée dans l'article 6 du Livre II du Code du travail, lequel trouve sa sanction dans les articles 165 et 166 dont nous donnons ci-dessous le texte :

Art. 165. — Tout chef d'établissement qui contrevient aux dispositions des articles 6 à 8 et aux règlements d'administration publique promulgués en exécution de ces articles est puni d'une amende de 5 à 100 francs.

Art. 166. — Les contraventions donnent lieu à autant d'amendes qu'il y a d'ouvriers indûment employés, sans que ces amendes réunies puissent s'élever au-dessus de 1000 francs.

Le taux de ces amendes indique que les contraventions sont de la compétence du Tribunal correctionnel et qu'elles doivent être poursuivies devant cette juridiction.

L'article 463 du Code pénal, sur les circonstances atténuantes, leur est applicable.

INDEX ALPHABÉTIQUE DES MATIÈRES

TABLE DES MATIÈRES

Etablissements André BRULLIARD. — Saint-Dizier (Haute-Marne).

www.ingramcontent.com/pod-product-compliance
Ingram Content Group UK Ltd.
Pitfield, Milton Keynes, MK11 3LW, UK
UKHW032023260826
14628UKWH00006B/2685

9 782329 170329